Elogios para Chimamanda Ngozi Adichie y

Querida Ijeawele
Cómo educar en el feminismo

"Una pensadora y escritora extraordinaria-
mente autoconsciente con la capacidad de
criticar nuestra sociedad sin burla ni con-
descendencia ni polémicas reforzadas".

—*The New York Times*

"Adichie es una narradora con un estilo
claro y sugerente, sin tiempos muertos, de
las que enganchan desde el principio de la
frase".   —*El País*

"Sensible y emocionante".   —*Vogue*

Querida Ijeawele

Querida Ijeawele

Cómo educar en el feminismo

CHIMAMANDA NGOZI ADICHIE

Traducción de
Cruz Rodríguez Juiz

VINTAGE ESPAÑOL

Una división de Penguin Random House LLC

Nueva York

Para Uju Egonu.
Y para mi hermanita, Ogechukwu Ikemelu.
Con muchísimo amor.

INTRODUCCIÓN

Cuando, hace un par de años, una amiga de la infancia que se ha convertido en una mujer brillante, amable y fuerte me preguntó cómo criar a su hija para que fuera feminista, lo primero que pensé fue que no lo sabía.

Me pareció una tarea demasiado grande.

Pero yo había hablado públicamente de feminismo y quizá eso la indujo a suponerme una experta en la materia. A lo largo de los años también había ayudado a cuidar a los bebés de mis seres queridos; había trabajado de canguro y me había ocupado de mis sobrinos. Había observado y escuchado mucho y aún había pensado más.

Para responder a la petición de mi amiga decidí escribirle una carta, que confiaba fuera sincera y práctica al tiempo que sirviera también como una suerte de mapa de mi pensamiento feminista. Este libro es una versión de dicha carta, con algunos detalles modificados.

Ahora que también yo soy madre de una niña encantadora, me doy cuenta de lo fácil que es dar consejos sobre cómo criar a los hijos cuando no tienes que enfrentarte a la enorme complejidad que comporta.

No obstante, considero una urgencia moral mantener conversaciones sinceras acerca de educar de otro modo a los hijos, de crear un mundo más justo para hombre y mujeres.

Mi amiga me respondió que «intentaría» seguir mis sugerencias.

Y, al releerlas ya siendo madre, también yo estoy decidida a intentarlo.

QUERIDA IJEAWELE

Querida Ijeawele:

Qué alegría. Y qué nombres tan bonitos: Chizalum Adaora. Es preciosa. Solo tiene una semana de vida y el mundo ya le despierta la curiosidad. Qué cosa tan magnífica has hecho, traer al mundo a un ser humano. «Enhorabuena» se queda corto.

Tu nota me hizo llorar. Ya sabes que a veces me emociono como una tonta. Que sepas que me tomo tu encargo —cómo criar a una feminista— muy en serio. Y comprendo a lo que te refieres con no saber siempre cuál debería ser la respuesta feminista a determinadas situaciones. Para mí, el feminismo siempre es contextual. No tengo una norma grabada en piedra; lo más parecido a una fórmula que tengo son mis dos «Herramientas Feministas» y quisiera compartirlas contigo como punto de partida.

La primera es tu premisa, la creencia firme e inflexible de la que partes. ¿Cuál es tu premisa? Tu premisa feminista debería ser: Yo importo. Importo igual. No «en caso de». No «siempre y cuando». Importo equitativamente. Punto.

La segunda herramienta es una pregunta: ¿Puedes invertir X y obtener los mismos resultados?

Por ejemplo: mucha gente cree que la respuesta feminista de una mujer a la infidelidad del marido debería ser dejarlo. Pero yo creo que quedarse también puede ser una elección feminista, depende del contexto. Si Chudi se acuesta con otra y lo perdonas, ¿ocurriría lo mismo si tú te acostaras con otro? Si la respuesta es sí entonces la decisión de perdonarlo puede ser feminista porque no viene moldeada por una desigualdad de género. Tristemente, la realidad en la mayoría de los matrimonios es que la respuesta a esa pregunta a menudo sería negativa, y por razones basadas en el género: esa idea de que «los hombres siempre serán hombres», que implica un nivel de exigencia mucho menor para ellos.

Se me ocurren algunas sugerencias para educar a Chizalum. Pero recuerda que puedes hacer todo lo que propongo y que, aun así, no salga como esperabas porque a veces la vida tiene esas cosas. Lo importante es que lo intentes. Y que siempre confíes en tus instintos, por encima de todo, porque te guiará el amor a tu hija.

Estas son mis sugerencias:

PRIMERA SUGERENCIA

Sé una persona plena. La maternidad es un don maravilloso, pero no te definas únicamente por ella. Sé una persona plena. Beneficiará a tu hija. Marlene Sanders, pionera periodista estadounidense (y madre de un niño) que fue la primera mujer en informar desde Vietnam durante la guerra, una vez aconsejó lo siguiente a otra periodista más joven: «Nunca te disculpes por trabajar. Te gusta lo que haces, y que te guste lo que haces es un regalo fantástico para tus hijos».

Me parece un consejo sabio y conmovedor. Ni siquiera tiene que gustarte tu trabajo, basta con que te guste lo que el trabajo hace por ti: la confianza y plenitud que se derivan de trabajar y ganarse la vida.

No me sorprende que tu cuñada opine que deberías ser una madre «tradicional» y quedarte en casa, que Chudi puede permitirse renunciar a una familia con «ingresos dobles».

La gente elige selectivamente la «tradición» para justificar cualquier cosa. Dile que una familia con dobles ingresos corresponde a la auténtica tradición igbo porque antes del colonialismo británico las madres no solo cultivaban la tierra y comerciaban, sino que en algunas zonas de Igboland el comercio era tarea exclusiva de las mujeres. Tu cuñada ya lo sabría si leer no fuera para ella una empresa tan ajena. Bueno, ha sido un comentario mordaz para animarte. Sé que estás molesta –y con razón– pero en realidad es mejor no hacerle caso. Todo el mundo tendrá una opinión de lo que deberías hacer, pero lo importante es lo que tú quieras y no lo que los demás quieran que quieras. Rechaza, por favor, la idea de que maternidad y trabajo se excluyen mutuamente.

Nuestras madres trabajaban a jornada completa cuando éramos niñas y hemos salido bien, al menos tú, en mi caso el jurado aún delibera.

Durante estas primeras semanas de maternidad, trátate con indulgencia. Pide ayuda. Espera recibirla. No existen las *superwomen*. La crianza es cuestión de práctica… y amor. (Desearía que «criar» no se hubiera convertido en un verbo, porque lo considero la raíz de ese fenómeno global de clase media que hace de la «crianza» una travesía inquietante, interminable, cargada de culpa.)

Concédete espacio para fracasar. Una madre novata no tiene necesariamente que saber cómo calmar a un niño que llora. No des por hecho que deberías saberlo todo. Lee libros, consulta internet, pregunta a padres mayores o simplemente aplica el sistema de prueba y error. Pero, por encima de todo, céntrate en seguir siendo una persona plena. Tómate tiempo para ti. Cultiva tus propias necesidades.

Por favor, no pienses que se trata de «hacerlo todo». Nuestra cultura aplaude la idea de las mujeres que «pueden con todo», pero no se cuestiona la premisa del elogio. No me interesa discutir de mujeres «que lo hacen todo» porque es una discusión que da por sentado que las tareas domésticas y los cuidados son ámbitos particularmente femeninos, una idea que rechazo enérgicamente. Las tareas domésticas y los cuidados debieran ser neutros desde el punto de vista del género y deberíamos preguntarnos no si una mujer «puede con todo», sino cómo ayudar a los progenitores en sus deberes comunes en la casa y el trabajo.

SEGUNDA SUGERENCIA

Hacedlo juntos. ¿Recuerdas que en primaria aprendimos que el verbo es una palabra de «acción»? Pues bien, un padre es tan verbo como una madre. Chudi debería hacer todo lo que la biología le permite, que es todo menos amamantar. En ocasiones las madres, tan condicionadas para ser y hacerlo todo, son cómplices de la reducción de la función de los padres. Podrías pensar que Chudi no la bañará exactamente como a ti te gustaría, que tal vez no le limpiará el culo tan bien como tú. ¿Y qué? ¿Qué es lo peor que podría pasar? Chizalum no morirá en manos de su padre. En serio. La quiere. Para ella es bueno que su padre la cuide. Así que mira para otro lado, refrena el perfeccionismo, controla ese sentido del deber condicionado por la sociedad. Compartid equitativamente los cuidados de la niña. La equidad, por supuesto, depende de ambos, y tendréis que buscar la manera, prestar igual atención a las necesidades de cada persona. No significa llevar un reparto diario ni al cincuenta por ciento, pero sabréis cuándo los cuidados se reparten de forma igualitaria. Lo sabréis por la ausencia de resentimiento. Porque cuando existe una equidad real no hay resentimiento.

Y por favor rechaza hablar de ayuda. Chudi no está «ayudándote» a cuidar de su hija. Está haciendo lo que debe hacer. Cuando decimos que los padres «ayudan», sugerimos que el cuidado de los hijos es un terreno materno en el que los padres se aventuran valerosamente. No lo es. ¿Te imaginas cuánta gente sería mucho más feliz, más estable, colaborarían mejor en el mundo, si sus padres hubieran sido presencias activas durante su infancia? Y no digas nunca que Chudi está «haciendo de canguro», los canguros son gente para quienes el bebé no es una responsabilidad primaria.

Chudi no merece una gratitud o alabanza especial, ni tú tampoco: ambos elegisteis traer a un niño al mundo y la responsabilidad de dicho niño recae por igual sobre ambos. Sería distinto si fueras madre soltera, por circunstancias o elección, porque entonces «hacerlo juntos» no sería posible. Pero no deberías ser «madre soltera» a menos que lo seas de verdad.

Mi amigo Nwabu una vez me contó que, como su mujer lo dejó cuando los niños eran pequeños, él se convirtió en el Sr. Mamá, con lo que quería decir que se encargaba de los cuidados diarios. Pero no estaba ejerciendo de Sr. Mamá, simplemente hacía de padre.

TERCERA SUGERENCIA

Enséñale a tu hija que los «roles de género» son una solemne tontería. No le digas nunca que debe hacer algo o dejar de hacerlo «porque es una niña».

«Porque eres una niña» nunca es una razón para nada. Nunca.

Recuerdo que de cría me decían que me agachara «como es debido para barrer, como una niña». Con lo que querían decir que barrer es femenino. Ojalá me hubieran dicho: «Agáchate y barre como es debido porque así limpiarás mejor el suelo».Y desearía que a mis hermanos les hubieran dicho lo mismo.

Recientemente en las redes sociales nigerianas se ha debatido mucho sobre las mujeres y la cocina, sobre que las mujeres tienen que cocinar para el marido. Es curioso, de la manera en que son curiosas algunas cosas tristes, que en 2016 todavía estemos hablando de cocinar como una especie de «prueba de aptitud para el matrimonio» dirigida a las mujeres.

Saber cocinar no es un conocimiento preinstalado en la vagina. A cocinar se aprende. Cocinar –las tareas domésticas en general– es una habilidad que, idealmente, deberían tener tanto hombres como mujeres. También es una habilidad que puede escapárseles a hombres y mujeres.

De igual modo necesitamos cuestionar la idea del matrimonio como premio para las mujeres, porque es la base de estos debates absurdos. Si dejamos de condicionar a las mujeres para que vean el matrimonio como un premio, entonces debatiremos menos acerca de la necesidad de cocinar de las mujeres para ganarse dicho premio.

Me parece interesante lo pronto que el mundo comienza a inventar roles de género. Ayer fui a una tienda para niños a comprarle ropa a Chizalum. En la sección de niñas vendían pálidas creaciones en tonos rosados. No me gustaron. En la sección de niño había prendas de vivos tonos azules. Como creo que el azul le sentaría muy bien a su piel morena –y es más fotogénico– le compré una prenda azul. A la hora de pagar, la cajera me dijo que había elegido el regalo perfecto para un niño. Le aclaré que era para una niña. Me miró horrorizada. «¿Azul para una niña?»

No puedo evitar preguntarme por el avezado mercadotécnico, hombre o mujer, que se inventó la pareja binaria del rosa y el azul. También había una sección «neutra», surtida de grises anodinos. «Neutra desde el punto de vista del género» es una tontería porque se fundamenta en la idea de que el azul es masculino y el rosa femenino y lo «neutro» una categoría en sí misma. ¿Por qué no, sencillamente, organizar la ropa de bebé por edades y colores? Al fin y al cabo, los cuerpos de los bebés y las bebés son similares.

Miré la sección de juguetería, también ordenada por géneros. Los juguetes para niños –trenes, coches– suelen ser activos y requieren «hacer» algo y los juguetes para niñas suelen ser «pasivos» y en su gran mayoría, muñecas. Me impactó. No me había percatado de lo pronto que la sociedad comienza a inventar ideas relativas a lo que debería ser un niño y lo que debería ser una niña.

Deseé que hubieran organizado los juguetes por tipos en lugar de por género.

¿Alguna vez te he contado que fui a un centro comercial estadounidense con una niña nigeriana de siete años y su madre? La niña vio un helicóptero de juguete, uno de esos trastos que se dirigen por control remoto, y le fascinó y pidió uno. «No –le dijo la madre–. Ya tienes tus muñecas.» A lo que la niña respondió: «Mamá, ¿solo voy a jugar con muñecas?».

No se me ha olvidado. Su madre tenía buenas intenciones, claro. Conocía de sobra las ideas sobre los roles de género: que las niñas juegan con muñecas y los niños con helicópteros. Ahora me pregunto, con tristeza, si la niñita se habría convertido en una ingeniera revolucionaria de habérsele concedido la oportunidad de explorar aquel helicóptero.

Si no les ponemos a nuestros hijos la camisa de fuerza de los roles de género les dejamos espacio para que alcancen su máximo potencial.

Piensa en Chizalum como en un individuo, por favor. No como en una niña que debería ser de una forma determinada. Ve sus puntos débiles y fuertes como los de un individuo. No la valores de acuerdo con lo que debería ser una niña. Valórala pensando en la mejor versión de sí misma.

Una vez una joven nigeriana me contó que durante años se había comportado «como un chico» —le gustaba el fútbol y le aburrían los vestidos—, hasta que su madre la obligó a renunciar a sus intereses «de chico» y ahora le agradecía a su madre que la ayudara a empezar a actuar como una chica. La historia me entristeció. Me pregunté qué partes de sí misma había tenido que acallar y enderezar, y me pregunté qué habría perdido su espíritu, porque lo que ella llamaba «comportarse como un chico» era simplemente comportarse tal cual era.

Otra conocida, una estadounidense que vivía en el noroeste del Pacífico, me contó que cuando llevó a su hijo de un año a un grupo de juegos infantiles, adonde las madres acompañaban a sus bebés, se fijó en que las madres de niñas eran muy controladoras, constantemente les decían a sus hijas «no toques eso» o «para quieta y sé buena» y se fijó también en que las madres de niños los animaban a explorar más y no los coartaban tanto y casi nunca les decían «sé bueno». Su teoría es que los padres inconscientemente empiezan muy temprano a enseñarles a las niñas cómo deben ser, que las niñas reciben más normas y menos espacio y los niños más espacio y menos normas.

Los roles de género están tan profundamente enraizados que a menudo los seguimos incluso cuando chocan con nuestros verdaderos deseos, nuestras necesidades, nuestra felicidad. Son muy difíciles de desaprender y, por tanto, es importante intentar que Chizalum los rechace desde el principio. En lugar de permitir que interiorice la idea de los roles de género, enséñale independencia. Dile que es importante que aprenda a hacer las cosas y a valerse por sí misma. Enséñale a intentar arreglar objetos cuando se estropean. Enseguida suponemos que hay muchas cosas que las niñas no pueden hacer. Déjala probar. Quizá no lo consiga, pero que lo intente. Cómprale juguetes como bloques de construcción y trenes, y también muñecas, si quieres.

CUARTA SUGERENCIA

Cuidado con el peligro de lo que yo llamo Feminismo Light. Es la idea de la igualdad femenina condicional. Recházala de plano, por favor. Es una idea vacua, fallida y tranquilizadora. Ser feminista es como estar embarazada. Lo estás o no lo estás. O crees en la plena igualdad entre hombres y mujeres o no.

El Feminismo Light emplea analogías como «Él es la cabeza y tú el cuello». O «Él conduce, pero tú viajas en el asiento delantero». Aún más preocupante, dentro del Feminismo Light, es la idea de que los hombres son superiores por naturaleza pero deben «tratar bien» a las mujeres. No. No. No. El bienestar de una mujer debe basarse en algo más que la benevolencia masculina.

El Feminismo Light recurre al lenguaje de la «permisión». Theresa May es la primera ministra británica y un diario progresista de su país describía así a su marido: «Philip May es conocido en la política por ser un hombre que ha dado un paso atrás para permitir que sea su mujer, Theresa, quien brille».

Permitir.

Démosle la vuelta. Theresa May ha permitido brillar a su marido. ¿Tiene sentido? Si Philip May fuera primer ministro quizá oiríamos que su esposa le ha «apoyado» desde un segundo plano o que está «detrás de él» o «a su lado», pero jamás que le ha «permitido» brillar.

«Permitir» es una palabra preocupante. «Permitir» habla del poder. A menudo escucharás a miembros del capítulo nigeriano del Feminismo Light decir: «Dejad que la mujer haga lo que le plazca siempre y cuando su marido se lo permita».

Un marido no es un director de escuela. Una esposa no es una colegiala. El permiso y el beneplácito, cuando son unilaterales –como ocurre casi siempre–, jamás debieran formar parte del lenguaje de un matrimonio igualitario.

Otro egregio ejemplo del Feminismo Light: «Por supuesto que una mujer no tiene que ocuparse siempre de las tareas domésticas, cuando ella está de viaje, me ocupo yo».

¿Recuerdas cuánto nos reímos hace unos años de un artículo atroz sobre mí? El autor me acusaba de estar «enfadada», como si «estar enfadada» fuera algo de lo que debiera avergonzarme. Por supuesto que estoy enfadada. Estoy enfadada con el racismo. Estoy enfadada con el sexismo. Pero últimamente me he dado cuenta de que me enfada más el sexismo que el racismo.

Porque en mi enfado con el sexismo a menudo me siento sola. Porque quiero a mucha gente y convivo con mucha gente dispuesta a reconocer la injusticia racial pero no la de género.

No sabría decirte las veces que personas que aprecio, hombres y mujeres, han esperado que argumentara la causa del sexismo, que la «demostrara», cuando nunca han esperado lo mismo para el racismo. (Obviamente en el ancho mundo, demasiadas personas siguen esperando que les «demuestren» el racismo, pero no en mi círculo inmediato.) No sabría decirte cuántas veces personas que aprecio han quitado importancia o negado situaciones sexistas.

Como nuestro amigo Ikenga, siempre dispuesto a negar que algo sea producto de la misoginia, que jamás se muestra interesado en escuchar y conversar, y siempre parece ansioso por explicar cómo, en realidad, las mujeres somos las privilegiadas. Una vez llegó incluso a decirme que «aunque la opinión general es que mi padre está al mando de la familia, la que de verdad dirige entre bambalinas es mi madre». Creía que estaba negando el sexismo cuando en realidad estaba dándome la razón. ¿Por qué «entre bambalinas»? ¿Si una mujer tiene poder, por qué tiene que disimularlo?

La triste verdad es que nuestro mundo está repleto de hombres y mujeres a quienes no les gustan las mujeres poderosas. Nos han condicionado tanto con que el poder es masculino que una mujer poderosa nos parece una aberración. Y como tal la vigilan. De una mujer poderosa nos preguntamos: ¿Es humilde? ¿Sonríe? ¿Es lo bastante agradecida? ¿Tiene también su lado doméstico? Preguntas que no nos planteamos de los hombres poderosos, lo cual prueba que no nos incomoda el poder en sí, sino las mujeres. Juzgamos más duramente a las mujeres poderosas que a los hombres poderosos. Y el Feminismo Light lo hace posible.

QUINTA SUGERENCIA

Enseña a Chizalum a leer. Enséñale el amor por los libros. La mejor manera de hacerlo es mediante el ejemplo. Si te ve leyendo, comprenderá que leer es valioso. Si no fuera a la escuela y solo leyera libros, posiblemente sabría más que un niño educado de manera convencional. Los libros la ayudarán a entender el mundo y cuestionárselo, la ayudarán a expresarse y la ayudarán en aquello en lo que quiera convertirse: una chef, una científica, una cantante, todas ellas se benefician de lo que se aprende leyendo. No me refiero a libros de texto. Hablo de libros que no tengan nada que ver con el colegio, autobiografías, novelas y cuentos. Si todo lo demás falla, págale para que lea. Recompénsala. Conozco a una nigeriana notable, una madre soltera que está criando a su hija en Estados Unidos; a su niña no le gustaba leer, así que decidió pagarle cinco centavos por página. Una empresa cara, bromeaba después, pero una inversión que merece la pena.

SEXTA SUGERENCIA

Enséñale a cuestionar el lenguaje. El lenguaje es el depositario de nuestros prejuicios, creencias y presunciones. Pero para enseñárselo tendrás que cuestionar tu lenguaje. Una amiga mía asegura que nunca llamará «princesa» a su hija. La gente lo dice con buena intención, pero «princesa» es una palabra cargada de presunciones, de la delicadeza de ella, del príncipe que la rescatará, etcétera. Mi amiga prefiere «ángel» y «estrella».

De modo que decide tú misma lo que no le dirás a tu hija. Porque lo que le digas importa.

Le enseña lo que debería valorar. Seguro que conoces esa broma igbo para reírse de las chicas que están siendo infantiles: «¿Qué haces? ¿No sabes que ya tienes edad para buscar marido?». Yo lo decía a menudo. Pero ahora he elegido no hacerlo. Prefiero decir «Ya tienes edad para buscar trabajo». Porque no creo que debamos enseñar a nuestras hijas a aspirar al matrimonio.

Intenta no emplear demasiado a menudo palabras como «misoginia» y «patriarcado» con Chizalum. En ocasiones las feministas tiramos demasiado de jerga y la jerga a veces resulta excesivamente abstracta. No te limites a etiquetar algo de misógino, explícale a tu hija por qué lo es y cuéntale cómo dejaría de serlo.

Enséñale que si criticas X en las mujeres pero no lo criticas en los hombres, tal vez no tengas un problema con X, sino con las mujeres. Sustituye la X por palabras como ira, ambición, brusquedad, tozudez, frialdad, crueldad.

Enséñale a plantear preguntas como: ¿Qué cosas no pueden hacer las mujeres porque son mujeres? ¿Esas cosas gozan de prestigio cultural? En tal caso, ¿por qué solo se les permite a los hombres realizar las actividades que tienen prestigio cultural?

Creo que ayuda poner ejemplos cotidianos.

¿Recuerdas aquel anuncio televisivo que veíamos en Lagos en que un hombre cocinaba y su mujer le aplaudía? El verdadero progreso radica en cuando ella no le aplaude a él, sino que se limita a reaccionar ante la comida: puede alabarla o no, igual que él podría alabar o no la comida de ella, pero lo sexista es que la mujer está alabando el hecho de que él haya cocinado, esa alabanza implica que cocinar es un acto inherentemente femenino.

¿Recuerdas la mecánica de Lagos que un artículo periodístico describía como «la señora mecánico»? Enséñale a Chizalum que la señora es mecánica, no una «señora mecánico».

Hazle ver que está mal que un hombre que choca con tu coche en el tráfico de Lagos, se baje del vehículo y te mande a por tu marido porque «no puede lidiar con mujeres».

En lugar de limitarte a contárselo, muéstrale ejemplos de que la misoginia puede ser descarada o sutil y que ambas son aborrecibles.

Enséñale a cuestionarse a los hombres que solo empatizan con las mujeres si las ven como una posible relación en lugar de como a seres humanos iguales. Hombres que, al hablar de las violaciones, siempre dirán algo del estilo de «si fuera mi hija o mi mujer o mi hermana». Sin embargo, los mismos hombres no necesitan imaginar a la víctima masculina de un crimen como su «hermano o hijo» para empatizar. Enséñale también a cuestionarse la idea de que las mujeres son especiales. Una vez escuché a un político estadounidense, en un intento de apoyar a las mujeres, hablar de cómo deberíamos «reverenciar» y «defender» a las mujeres, una opinión demasiado común.

Dile a Chizalum que las mujeres no necesitan que las reverencien ni las defiendan; solo necesitan que las traten como a seres humanos iguales. En la idea de que las mujeres necesitan ser «reverenciadas» y «defendidas» por el hecho de ser mujeres subyace una actitud de superioridad. Consigue que los hombres piensen en caballerosidad, y la premisa de la caballerosidad es la debilidad femenina.

SÉPTIMA SUGERENCIA

Jamás hables del matrimonio como un logro. Encuentra maneras de aclararle que el matrimonio no es un logro ni algo a lo que deba aspirar. Un matrimonio puede ser feliz o desgraciado, pero no un logro.

Condicionamos a las niñas para que aspiren al matrimonio y no a los niños y, por tanto, ya desde el principio existe un desequilibrio terrible. Las niñas se convertirán en mujeres angustiadas por el matrimonio. Los niños se convertirán en hombres a los que no les angustia el matrimonio. Las mujeres se casarán con esos hombres. Automáticamente la relación será desigual porque la institución le importa más a una parte que a la otra. ¿Es de extrañar entonces que, en muchos matrimonios, las mujeres sacrifiquen más, en detrimento de sí mismas, porque han mantenido un intercambio constantemente desigual? Una consecuencia de este desequilibrio es el manido y conocido fenómeno de dos mujeres pelándose por un hombre mientras él permanece en silencio.

Cuando Hillary Clinton se presentó a presidenta de Estados Unidos, el primer descriptor de su cuenta de Twiter era «esposa». Todavía lo es. El primer descriptor de su marido, Bill Clinton, en su cuenta de Twiter era «fundador», no «esposo». (Razón por la que siento un afecto irracional por los escasos hombres que empiezan describiéndose como «esposo».) De un modo extraño, no resulta peculiar que Hillary Clinton se describa así mientras que él no se describe como marido. Parece normal porque es muy habitual; nuestro mundo todavía valora por encima de cualquier otro aspecto el rol marital y maternal de la mujer.

Después de casarse con Bill Clinton en 1975, Hillary Clinton conservó su apellido de soltera: Hillary Rodham. Con el tiempo empezó a añadir el apellido Clinton al suyo, y al final renunció al Rodham por presiones políticas (porque su marido perdería votantes ofendidos porque su esposa conservara el apellido de soltera).

Al leer sobre esta cuestión reflexioné no solo sobre los aparentes prejuicios matrimoniales retrógrados de los votantes estadounidenses con respecto a las mujeres, sino también sobre mi experiencia personal con mi nombre.

Recordarás que un periodista decidió unilateralmente darme un nombre nuevo, Sra. Apellido del Marido, al descubrir que estaba casada y que le pedí que rectificara porque yo no me llamo así. Nunca olvidaré la feroz hostilidad con que reaccionaron algunas nigerianas. Curiosamente la hostilidad, en general, fue mayor entre las mujeres que entre los hombres; muchas de ellas insistieron en llamarme por el que no era mi apellido, como si quisieran silenciar mi voz.

Me pregunté los motivos y concluí que quizás para muchas de esas mujeres mi elección representaba un reto a su idea de lo que es normal.

Incluso algunas amigas hicieron comentarios del tipo «Como tú eres famosa está bien que conserves tu apellido». Lo que me empujó a preguntarme: ¿por qué una mujer tiene que triunfar en su profesión para que esté justificado que conserve su apellido?

Lo cierto es que no he conservado mi apellido porque tenga éxito. De no haber tenido la suerte de ser publicada y muy leída, también lo habría conservado. He conservado mi apellido porque es el mío. He conservado mi apellido porque me gusta.

Hay quien dice: Bueno, tu apellido también tiene que ver con el patriarcado porque es el apellido de tu padre. Pero la cuestión es simple: venga de mi padre o de mi madre, es el apellido que he tenido desde que nací, el nombre con el que he recorrido la vida, al que he atendido desde aquel primer día de guardería una mañana neblinosa en que la maestra nos pidió que respondiéramos «presente» al oír nuestro apellido. Numero uno: ¡Adichie!

Más importante aún, toda mujer debería tener la opción de conservar su apellido, pero la realidad es que la presión social abruma. Obviamente hay mujeres que quieren adoptar el apellido del marido y hay mujeres que no quieren acatar la norma pero para quienes la energía –mental, emocional, incluso física– que exige es demasiado. ¿Cuántos hombres crees que estarían dispuestos a cambiar de apellido al casarse?

Mrs., «señora», es un título que me desagrada porque la sociedad nigeriana le confiere excesivo valor. He observado numerosos casos de hombres y mujeres que hablan orgullosamente del título de señora como si las que no lo son hubieran fracasado en algo. Señora puede ser una elección, pero atribuirle tanto valor como hace nuestra cultura resulta perturbador. El valor que damos al «señora» significa que el matrimonio cambia el estatus social de la mujer, pero no el del hombre. (¿Tal vez por eso muchas mujeres se quejan de que los hombres casados siguen «comportándose» como si aún estuvieran solteros? ¿Quizá si nuestra sociedad pidiera a los maridos que cambiaran de apellido y adoptaran un título nuevo, distinto del Señor, su comportamiento también cambiaría? En serio, si tú, una mujer de veintiocho años con un máster, de la noche a la mañana pasas de Ijeawele Eze a señora. Ijeawele Udegbunamse, seguramente el salto requiere no solo energía mental para cambiar de pasaporte y permisos, sino también un cambio psíquico, una nueva adecuación, ¿verdad? Esta nueva adecuación no importaría tanto si los hombres también tuvieran que pasar por ella.

Yo prefiero el Ms. inglés porque es similar al Mr. o Señor. Un hombre es Señor esté casado o no, una mujer es Ms. esté casada o no. Así que, por favor, enséñale a Chizalum que en una sociedad verdaderamente justa no debería esperarse que las mujeres realicen cambios basados en el matrimonio que no se esperen de los hombres.

Tengo una solución excelente: cada pareja que se case debería adoptar un apellido completamente nuevo, elegido a su gusto, siempre y cuando los dos estén de acuerdo, de tal manera que al día siguiente de la boda, marido y mujer puedan cogerse de la mano y partir alegremente hacia las oficinas municipales para modificar los pasaportes, los permisos de conducir, las firmas, las iniciales, las cuentas bancarias, etcétera.

OCTAVA SUGERENCIA

Enséñale a rechazar la obligación de gustar. Su trabajo no es ser deseable, su trabajo es realizarse plenamente en un ser que sea sincero y consciente de la humanidad del resto de la gente. Recuerda cuánto me entristecía que nuestra amiga Chioma me advirtiera a menudo que «a la gente» no le «gustaría» lo que yo quería decir o hacer. Siempre me transmitía una presión tácita para que cambiara y encajara en el mismo molde que agradaría a una entidad amorfa llamada «gente». Me entristecía porque queremos que nuestros seres más próximos nos animen a ser auténticos.

Por favor, no presiones así a tu hija. Enseñamos a las niñas a gustar, a ser buenas, a ser falsas. Y no enseñamos lo mismo a los niños. Es peligroso. Muchos depredadores sexuales se han aprovechado de este hecho. Muchas niñas callan cuando abusan de ellas porque quieren agradar. Muchas niñas dedican demasiado tiempo a tratar de ser «buenas» con la gente que les hace daño. Muchas niñas piensan en los «sentimientos» de quienes las agreden. Es la consecuencia catastrófica de la obligación de gustar. Tenemos un mundo lleno de mujeres que son incapaces de respirar tranquilamente porque durante demasiado tiempo las han condicionado para que se plieguen a unas formas que las harán deseables.

Así que en lugar de enseñar a Chizalum a agradar, enséñale a ser sincera. Y amable.

Y valiente. Anímala a decir lo que piensa, a decir lo que opina en realidad, a decir la verdad. Y luego, alábala cuando lo haga. Alábala sobre todo cuando se plante en una cuestión difícil o impopular porque resulta que es su opinión sincera. Cuéntale que la amabilidad importa. Alábala cuando se muestre amable con el prójimo. Pero enséñale que la amabilidad nunca debe darse por sentada. Dile que ella también merece la amabilidad ajena. Enséñale a defender lo que es suyo. Si otro niño le coge un juguete sin permiso, pídele que lo recupere, porque su consentimiento importa. Dile que, si algo la incomoda, se queje, lo diga, grite.

Demuéstrale que no necesita gustarle a todo el mundo. Dile que si no le gusta a alguien, habrá otras personas a las que sí les gustará. Enséñale que no es meramente un objeto que guste o no guste, es también un sujeto al que pueden gustarle o no gustarle los demás. En la adolescencia, si vuelve a casa llorando porque no gusta a los chicos, hazle saber que puede elegir no ser del agrado de esos chicos (sí, cuesta, lo sé, me basta con recordar cómo me enamoré de Nnamdi en secundaria).

Aun así, desearía que alguien me lo hubiera dicho.

NOVENA SUGERENCIA

Dale a Chizalum un sentido de identidad. Importa. Haz hincapié en ello. Consigue que crezca considerándose, entre otras cosas, una igbo orgullosa. Y debes ser selectiva: enséñale a aceptar las partes de la cultura igbo que son bellas y enséñale a rechazar las que no lo son. Puedes decirle, en diferentes contextos y de distintas maneras: «La cultura igbo es preciosa porque valora la comunidad y el consenso y el trabajo duro, y la lengua y los proverbios son bonitos y están cargados de sabiduría. Pero la cultura igbo también enseña que una mujer no puede hacer determinadas cosas solo porque es mujer, y eso está mal. La cultura igbo también se centra demasiado en el materialismo y, aunque el dinero es importante —porque el dinero significa independencia—, no debes valorar a los otros basándote en si tienen dinero o no».

Proponte también mostrarle la belleza y resiliencia de los africanos y los negros. ¿Por qué? A causa de las dinámicas del poder del mundo, crecerá viendo imágenes de hazañas, belleza y habilidades blancas, da igual en qué parte del mundo se encuentre. Las verá en los programas de televisión, en la cultura popular que consuma, en los libros que lea. También es probable que crezca viendo numerosas imágenes negativas de la negritud y los africanos.

Enséñale a enorgullecerse de la historia de los africanos y de la diáspora negra. Descubre héroes negros de la historia, hombres y mujeres. Existen. Tal vez tengas que rebatir parte de lo que aprenda en la escuela: el currículo nigeriano no incorpora suficientemente la idea de enseñar a los niños a enorgullecerse de su historia. Así que sus maestros serán fantásticos para enseñarle matemáticas, ciencia, arte y música, pero el orgullo tendrás que enseñárselo tú.

Enséñale sobre privilegios y desigualdades y la importancia de respetar la dignidad de todo aquel que no le quiera mal: enséñale que el servicio es igual de humano que ella, enséñale a saludar siempre al chófer. Relaciona estas expectativas con su identidad; dile, por ejemplo: «En nuestra familia, cuando eres pequeño, saludas a los mayores con independencia del trabajo que desempeñen».

Ponle un apodo igbo. De niña mi tía Gladys me llamaba Ada Obodo Dike. Siempre me gustó. Por lo visto mi pueblo, Ezi-Abba, se conoce como Tierra de Guerreros, y que me llamaran Hija de la Tierra de los Guerreros, me resultaba deliciosamente embriagador.

DÉCIMA SUGERENCIA

Fíjate en cómo tratáis el tema de su apariencia.

Anímala a practicar deporte. Enséñale a ser activa físicamente. Pasead juntas. Nadad. Corred. Jugad al tenis. Al fútbol. Al ping-pong. A toda clase de deportes. A cualquier deporte. Lo considero importante no solo por los beneficios obvios para la salud, sino porque puede ayudar con las inseguridades relativas a la imagen corporal que el mundo arroja contra las mujeres. Permítele descubrir la valía de ser activa. Los estudios indican que las chicas suelen dejar de practicar deporte en la pubertad. No me sorprende. Los pechos y los complejos pueden interferir con el deporte: yo dejé de jugar a fútbol americano cuando me crecieron los pechos porque lo único que quería hacer era ocultar su existencia y correr y placar no me lo ponían fácil. Trata, por favor, de que a ella no le pase lo mismo.

Si le gusta el maquillaje, deja que se maquille. Si le gusta la moda, deja que se arregle. Pero si no le gusta ni una cosa ni la otra, déjala tranquila. No creas que criar a una feminista consiste en obligarla a rechazar la feminidad. Feminismo y feminidad no se excluyen mutuamente. Es misógino sugerir lo contrario. Por desgracia, las mujeres han aprendido a avergonzarse y disculparse de los intereses que tradicionalmente se consideran femeninos, tales como la moda y el maquillaje. Pero nuestra sociedad no espera que los hombres se avergüencen de los intereses que tradicionalmente se consideran masculinos: los coches deportivos, ciertos deportes profesionales. De igual modo, el cuidado personal masculino no despierta las mismas sospechas que el femenino: a un hombre bien vestido no le preocupa que, por el hecho de vestir elegante, se deriven determinadas presunciones sobre su inteligencia, capacidad o seriedad. Una mujer, por otro lado, siempre es consciente de cómo un pintalabios llamativo o un conjunto de ropa meditado pueden inducir a que la consideren frívola.

Nunca relaciones el aspecto de Chizalum y la moral. Nunca le digas que una falda corta es «inmoral». Convierte el vestir en una cuestión de gusto y atractivo en lugar de moralidad. Si chocáis por lo que quiere ponerse, nunca le hagas comentarios del tipo «pareces una prostituta», como sé que te dijo una vez tu madre. Dile en cambio: «Ese vestido no te sienta tan bien como este». O no te favorece tanto. O no es tan bonito. O sencillamente es feo. Pero nunca «inmoral». Porque la ropa no tiene nada que ver con la moral.

Intenta no asociar pelo y dolor. Recuerdo mi infancia y las veces que lloré mientras me trenzaban la melena larga y tupida. Me acuerdo de que me ponían una bolsa de chocolatinas Smarties delante, la recompensa si aguantaba sentada a que me peinaran. Y ¿para qué? Imagina si no hubiéramos perdido tantos sábados de infancia y adolescencia peinándonos. ¿Qué podríamos haber aprendido? ¿En qué podríamos habernos convertido? ¿Qué hacían los chicos los sábados?

De modo que, con el pelo, te sugiero que redefinas «aseado». En parte la razón de que tantas niñas relacionen pelo y dolor es que los adultos están decididos a plegarse a una versión de «asea-

do» que significa Demasiado Tenso y Destro-
zacráneos y Provocador de Dolores de Cabeza.

Hay que parar. En Nigeria he visto a niñas
acosadas en la escuela porque no llevaban el pelo
«aseado», simplemente porque parte de ese pelo
que Dios les ha dado se había ensortijado en
magníficas pelotitas apretadas en las sienes. Suél-
tale el pelo a Chizalum: que lleve trenzas grandes
o africanas anchas y no uses peines de dientes
minúsculos que no se diseñaron pensando en la
textura de nuestro cabello.

Y que esa sea tu definición de «aseada». Ve a
la escuela y habla con la dirección si es necesario.
Alguien tiene que desencadenar el cambio.

Chizalum se percatará muy pronto —porque
los niños son perceptivos— de la clase de belleza
que aprecia el mundo en general. La verá en
revistas y películas y en la televisión. Verá que se
valora la blancura. Se dará cuenta de que el pelo

que gusta es liso u ondulado, y que ese pelo cae en lugar de encresparse. Lo verá te guste o no te guste. Así que crea alternativas para que también las vea. Hazle saber que las blancas delgadas son bellas, y que las mujeres que no son blancas ni delgadas son bellas. Hazle saber que hay muchos individuos y culturas que no encajan en la estrecha definición generalista de atractivo y belleza. Tú conocerás mejor a tu hija y, por tanto, sabrás la mejor manera de reforzar su tipo de belleza, de protegerla de la posibilidad de mirarse al espejo con desagrado.

Rodéala de toda una aldea de tías, mujeres con cualidades que te gustaría que Chizalum admirase. Háblale de cuánto las admiras. Los niños copian y aprenden de los ejemplos. Háblale de lo que admiras de ellas. Yo, por ejemplo, admiro particularmente a la feminista afroamericana Florynce Kennedy. Entre las africanas de las que le hablaría se cuentan Ama Ata Aidoo, Dora Akunyili, Muthoni Likimani, Ngozi Okon-jo Iweala, Taiwo Ajayi Lycett. Hay muchas afri-canas que son fuente de inspiración feminista. Por lo que han hecho y por lo que se han nega-do a hacer. Como tu abuela, por cierto, esa cria-tura de lengua afilada, excepcional y fuerte.

Rodéala también de toda una aldea de tíos. Esto te costará más, a juzgar por la clase de ami-gos que cultiva Chudi. Todavía no he consegui-do sobreponerme a aquel fanfarrón de la barba recortada que se pasó la fiesta de cumpleaños de Chudi repitiendo: «¡No me casaré con ninguna mujer que me diga lo que debo hacer!».

Así que encuentra, por favor, a hombres bue-nos que no fanfarroneen. Hombres como tu hermano Ugomba, hombres como nuestro ami-go Chinakueze. Porque la verdad es que Chiza-lum se topará con un montón de fanfarrones en la vida. De modo que le irá bien tener alternativas desde buen principio.

No puedo exagerar el poder de las alternativas. Chizalum podrá rebatir las ideas sobre los «roles de género» estáticos si su familia la ha pertrechado de alternativas. Si conoce a un tío que cocina bien —y sin darse importancia—, entonces podrá sonreír y menospreciar la tontería de quien diga que «las mujeres deben cocinar».

UNDÉCIMA SUGERENCIA

Enséñale a cuestionarse el uso selectivo que hace nuestra cultura de la biología como «razón» para las normas sociales.

Conozco a una mujer yoruba, casada con un igbo, que estando preñada de su primer hijo se puso a pensar nombres para el bebé. Todos eran igbos.

«¿Tus hijos no deberían llevar nombres yoruba, ya que su apellido será igbo?», le pregunté, y me respondió: «Un hijo pertenece primero al padre. Así debe ser».

A menudo empleamos la biología para explicar los privilegios que disfrutan los hombres, la razón más argüida es la superioridad física masculina. Por supuesto, es cierto que en general los hombres son más fuertes físicamente que las mujeres. Pero si de verdad basáramos las normas sociales en la biología, entonces los niños tendrían que identificarse por la madre en lugar de por el padre porque, cuando nacen, el progenitor que conocemos biológica e incontrovertiblemente es la madre. Aceptamos que el padre es quien dice la madre. Me pregunto cuántos linajes en el mundo no son biológicos.

Para muchas mujeres igbo, el condicionamiento es tan absoluto que piensan en sus hijos como si solo fueran del padre. Conozco a mujeres que han abandonado un mal matrimonio a las que no se ha «permitido» llevarse a sus hijos o ni tan siquiera verlos porque estos pertenecen al padre.

También empleamos la biología evolutiva para explicar la promiscuidad masculina, pero no la femenina, incluso a pesar de que existe una lógica evolutiva en el hecho de que las mujeres tengan numerosos compañeros sexuales: cuanto mayor sea el acervo genético, mayores serán las oportunidades de parir hijos que crecerán sanos.

Así pues, enseña a Chizalum que la biología es una materia interesante y fascinante, pero que no debe aceptarla como justificación de la norma social. Porque las normas sociales las crean los seres humanos y no hay ninguna norma social que no pueda cambiarse.

DUODÉCIMA SUGERENCIA

Háblale de sexo, y empieza pronto. Probablemente te resultará embarazoso, pero es necesario.

¿Recuerdas aquel seminario al que asistimos en la clase 3 donde se suponía que nos enseñarían «sexualidad», pero en cambio tuvimos que escuchar amenazas veladas de cómo, si «hablábamos con chicos», acabaríamos preñadas y deshonradas? Recuerdo la sala y el seminario como lugares repletos de vergüenza. Vergüenza de la mala. De esa rama particular de vergüenza que no tiene nada que ver con ser mujer. Que tu hija no la conozca jamás.

Con ella no finjas que el sexo es un mero acto controlado de reproducción. O un acto «exclusivo del matrimonio», porque es mentira. (Chudi y tú os acostabais mucho antes de casaros y probablemente Chizalum lo descubrirá antes de cumplir doce años.) Dile que el sexo puede ser algo bello y que, aparte de las consecuencias físicas evidentes (¡para ella como mujer!), también puede tener consecuencias emocionales. Dile que su cuerpo le pertenece a ella y solo a ella, que nunca debería sentir la necesidad de decir «sí» a algo que no quiera o para lo que se sienta presionada. Enséñale que decir «no» cuando «no» le parece lo correcto es motivo de orgullo.

Dile que te parece mejor que espere a ser adulta para mantener relaciones sexuales. Pero prepárate porque quizá no espere a cumplir dieciocho años. Y si no espera, tendrás que asegurarte de que pueda contártelo.

No basta con afirmar que quieres criar a una hija que pueda contártelo todo, tienes que darle el lenguaje para poder hablar contigo. Y lo digo en un sentido literal. ¿Cómo debería llamarlo Chizalum? ¿Qué término debería emplear?

Recuerdo que cuando era niña mucha gente decía «ahí» para referirse tanto al ano como a la vagina, y ano era el significado menos problemático, pero lo dejaba todo muy vago y yo no tenía claro cómo decir, por ejemplo, que me picaba la vagina.

La mayoría de los expertos en desarrollo infantil opinan que es mejor que los niños llamen a los órganos sexuales por sus nombres biológicos: vagina y pene. Estoy de acuerdo, pero la decisión te corresponde a ti. Deberías decidir cómo quieres que los llame Chizalum, pero lo que importa es que tengan nombre y que sea un nombre sin connotaciones de vergüenza.

Para asegurarte de que no hereda la vergüenza de ti, tienes que liberarte de la vergüenza que has heredado. Y sé lo difícil que puede resultar. En todas las culturas del mundo, la sexualidad femenina tiene que ver con la vergüenza. Incluso culturas —como muchas occidentales— que esperan de las mujeres que sean sensuales, no esperan que también sean sexuales.

La vergüenza que adscribimos a la sexualidad femenina tiene que ver con el control. Muchas culturas y religiones controlan los cuerpos de las mujeres de una forma u otra. Si la justificación para controlar los cuerpos femeninos tuviera relación con las mujeres, entonces podría entenderse. Si, por ejemplo, la razón fuera: las mujeres no deberían llevar minifalda porque les provoca cáncer. En cambio, la razón no guarda relación con las mujeres, sino con los hombres. Las mujeres deben «cubrirse» para protegerlos. Lo considero un acto profundamente deshumanizador puesto que reduce a la mujer a mero atrezo para los apetitos masculinos.

Y a propósito de vergüenza: nunca relaciones sexualidad y vergüenza. Ni desnudez y vergüenza. Nunca priorices la «virginidad». Toda conversación sobre virginidad deviene en una conversación sobre la vergüenza. Enséñale a rechazar la conexión entre vergüenza y biología femenina. ¿Por qué nos educan para hablar en voz baja del período? ¿Para que nos abrume la vergüenza si la menstruación nos mancha la falda? La regla no es motivo de vergüenza. La regla es normal y natural y la especie humana no estaría aquí si la regla no existiera. Recuerdo a un hombre que dijo que el período era como la mierda. Mierda sagrada, le respondí, porque no estarías aquí si no existiera.

DECIMOTERCERA SUGERENCIA

Llegará el amor, así que asúmelo.

Escribo esto suponiendo que Chizalum es heterosexual: obviamente, podría no serlo. Pero lo supongo porque entonces me siento más capacitada para hablar.

Asegúrate de enterarte de los idilios de su vida. Y la única manera que tienes de hacerlo es empezar a darle muy pronto un lenguaje con el que pueda hablarte de sexo, pero también de amor. No quiero decir que debas ser su «amiga», me refiero a que deberías ser una madre con quien pueda hablar de todo.

Enséñale que amor no es solo dar, sino también recibir. Es importante porque a las niñas les transmitimos sutiles ejemplos sobre la vida: enseñamos a las niñas que un componente primordial de su capacidad de amar es la capacidad de sacrificarse. A los niños no se lo enseñamos. Enséñale que para amar debe entregarse emocionalmente, pero también dar por hecho que recibirá.

Creo que el amor es lo más importante de la vida. De cualquier clase, comoquiera que lo definas, pero lo concibo como un gran aprecio por parte de otro ser humano y el hecho de concederle una gran importancia a otro. Pero ¿por qué solo educamos a la mitad del mundo para que lo valore? Hace poco estuve en una habitación llena de mujeres jóvenes y me sorprendió hasta qué punto casi toda la conversación giraba en torno a los hombres: las cosas terribles que les habían hecho los hombres, los engaños de este, las mentiras del otro, el que prometió casarse y desapareció, el marido que hizo esto o lo otro.

Y comprendí que lo contrario no es cierto. Una habitación llena de hombres no termina invariablemente hablando de mujeres y, si lo hace, es más probable que sea en tono frívolo en lugar de para lamentarse de la vida. ¿Por qué?

El origen está, pienso yo, en ese condicionamiento temprano. Hace poco, en un bautizo, les pidieron a los invitados que anotaran sus mejores deseos para la niña. Alguien escribió: «Le deseo un buen marido». Un deseo bienintencionado, pero inquietante. Una bebé de tres meses a la que ya están diciéndole que aspire a conseguir marido. De haber sido varón, a nadie se le habría ocurrido desearle «una buena esposa».

Y, hablando de mujeres que se lamentan de hombres que «prometen» matrimonio y luego desaparecen, ¿no te parece extraño que, en la mayoría de las sociedades del mundo actual, en general las mujeres no puedan proponer el matrimonio? El matrimonio es un gran paso en la vida y, no obstante, no puedes tomar la iniciativa, debes esperar a que un hombre te lo proponga. Así que muchas mujeres se encuentran en relaciones largas y quieren casarse, pero tienen que «esperar» a que el hombre se lo proponga y, a menudo, la espera se convierte en un ejercicio, inconsciente o no, de sus méritos para el matrimonio. Si aplicamos aquí la primera Herramienta Feminista, entonces no tiene sentido que una mujer que importa igual que un hombre tenga que «esperar» a que otro desencadene lo que será un cambio fundamental en su vida.

Una partidaria del Feminismo Light me dijo una vez que el hecho de que nuestra sociedad espere que los hombres pidan en matrimonio demuestra que las mujeres ostentan el poder, porque solo si la mujer acepta, el matrimonio tendrá lugar. La verdad es la siguiente: el poder de verdad lo ostenta quien propone el matrimonio. Antes de poder responder sí o no, tienen que pedírtelo. Le deseo a Chizalum un mundo donde cualquier persona pueda proponer matrimonio, donde una relación sea tan cómoda y feliz que embarcarse o no en el matrimonio se convierta en una conversación también llena de alegría.

Querría apuntar algo sobre el dinero. Enséñale a que nunca, jamás, diga tonterías del calibre «mi dinero es mío y el suyo de los dos». Es mezquino. Y peligroso: semejante actitud significa que potencialmente tendrás que aceptar otras ideas igual de dañinas. Enséñale que un hombre NO tiene la obligación de proveer. En una relación sana, dicha responsabilidad recae en quien pueda satisfacerla.

DECIMOCUARTA SUGERENCIA

Al enseñarle sobre la opresión, ten cuidado de no convertir a los oprimidos en santos. La santidad no es prerrequisito de la dignidad. La gente mentirosa y cruel también son seres humanos, y también merecen ser tratados con dignidad. Por ejemplo, los derechos de propiedad para las mujeres de la Nigeria rural es una reivindicación feminista fundamental, y las mujeres no tienen por qué ser buenas y angelicales para que se les reconozcan tales derechos.

En ocasiones, en este discurso en torno al género, se da por hecho que las mujeres se suponen moralmente «mejores» que los hombres. No lo son. Las mujeres son igual de humanas que los hombres. La bondad femenina es tan corriente como la maldad femenina.

Y hay muchas mujeres en el mundo a quienes no les gustan las otras mujeres. La misoginia femenina existe y eludir reconocerla es crear oportunidades innecesarias para que los antifeministas traten de desacreditar el feminismo. Me refiero a la clase de antifeministas que sacarán alegremente a colación ejemplos de mujeres diciendo «no soy feminista», como si el hecho de que lo diga una persona nacida con vagina desacreditara automáticamente el feminismo. En todo caso, nos ayuda a captar la magnitud del problema, el exitoso alcance del patriarcado. Nos muestra, asimismo, que no todas las mujeres son feministas y no todos los hombres son misóginos.

DECIMOQUINTA SUGERENCIA

Háblale sobre la diferencia. Convierte la diferencia en habitual. Haz normal la diferencia. Enséñale a que valore la diferencia. Y no es para que sea justa o buena, sino simplemente para que sea humana y práctica. Porque la diferencia es la realidad de nuestro mundo. Y al enseñársela, estás equipándola para sobrevivir en un mundo diverso.

Debe saber y comprender que la gente toma distintos caminos en el mundo y que, siempre y cuando esos caminos no dañen al prójimo, son opciones válidas que deben respetarse. Enséñale que no lo sabemos todo de la vida, no podemos saberlo. Tanto la religión como la ciencia ofrecen espacios para lo que no sabemos, y basta reconciliarse con ello.

Enséñale a que no haga universales sus principios y experiencias. Enséñale que sus principios son solo para ella, no para los demás. Existe solo una humildad necesaria: comprender que la diferencia es normal.

Explícale que algunas personas son homosexuales y otras no. Un niño tiene dos papás o dos mamás porque a veces es así. Explícale que algunas personas acuden a la mezquita y otras a la iglesia y otras a diferentes sitios para orar y otras no oran, porque ese es el camino de algunas personas.

A ti te gusta el aceite de palma, pero a otros no, dile.

¿Por qué?, te preguntará.

No lo sé. El mundo es así, respóndele.

Date cuenta, por favor, de que no estoy proponiéndote que la eduques para «que no juzgue», como suele decirse ahora, cosa que me preocupa un poco. El sentir general que se esconde tras esta idea está bien, pero «no juzgar» puede degenerar fácilmente en «no tener una opinión sobre nada» o «callar las opiniones propias». Y por tanto, en cambio, lo que espero para Chizalum es lo siguiente: que esté repleta de opiniones y que sus opiniones tengan un punto de partida fundado, humano y de amplias miras.

Que esté sana y sea feliz. Que su vida sea lo que ella quiera que sea.

¿Te duele la cabeza después de leer todo esto? Perdona. La próxima vez no me preguntes cómo educar a tu hija para que sea feminista.

Con cariño, *oyi gi,*

CHIMAMANDA

SOBRE LA AUTORA

Chimamanda Ngozi Adichie nació en 1977 en Nigeria. A los diecinueve años consiguió una beca para estudiar comunicación y ciencias políticas en Filadelfia. Posteriormente cursó un máster en escritura creativa en la universidad John Hopkins de Portland, y actualmente vive entre Nigeria y Estados Unidos. A día de hoy ha publicado cuatro novelas: *La flor púrpura* (2016), *Medio sol amarillo* (2014; galardonada con el Orange Prize for Fiction), *Algo alrededor de tu cuello* (2010) y *Americanah* (2014), que recibió el elogio de la crítica y fue galardonada con el Chicago Tribune Heartland Prize 2013 y el National Book Critics Circle Award en 2014. En 2015 publicó *Todos deberíamos ser feministas*, basado en su reconocido TEDx Talk que tuvo un millón y medio de visitas en YouTube.

chimamanda.com

facebook.com/chimamandaadichie